토익 기본기 완성

Week 13

Contents		Page	Date	Check
Day 01	[Part 3] Paraphrasing 이해하기 ①	02	월 일	☐
Day 02	[Part 5] 접속사 ③	06	월 일	☐
Day 03	[Part 3] Paraphrasing 이해하기 ②	10	월 일	☐
Day 04	[Part 5] 관계사 ①	14	월 일	☐
Day 05	Weekly Test	18	월 일	☐

Paraphrasing 이해하기 ❶

토익 Part 3는 짧은 대화를 듣고 대화 내용에 대한 세 개의 질문에 답하는 유형입니다. 이때 대화에서 사용한 단어나 구를 정답에 그대로 제시하기보다는 같은 의미를 가진 다른 말로 바꿔 표현하는 경우가 많은데, 이를 Paraphrasing이라고 합니다.

■ 대화에 나왔던 단어를 거의 그대로 사용하는 유형

가장 쉬운 paraphrasing 유형으로, 대화만 잘 알아듣는다면 어렵지 않게 정답을 고를 수 있습니다. 주로 수식어구를 생략해서 더 간략히 표현하거나 [동사 → 명사], [명사 → 동사] 등으로 품사를 바꾸어 제시합니다.

> **M**: Hi, I'm a member of a book club. We're looking for **a room for our weekly meetings.**
>
> **W**: Okay, when are you expecting to hold the meetings?

문제 Why is the man calling?

정답 He is asking about **a meeting room.**

⋯⋯ 대화에서 언급한 a room for our weekly meetings를
정답에서는 a meeting room이라고 간단히 표현했어요.

남: 안녕하세요, 저는 독서 동호회 회원인데요. 주간 모임을 위한 장소를 찾고 있어요.
여: 알겠습니다, 언제 모임을 하실 것으로 예상하세요?
문제 남자가 전화하는 이유는?
정답 회의실에 대해 문의하고 있다.

> **W**: Do you know **if there's a change to our work schedule?**
>
> **M**: Check with the manager.

문제 What does the woman want to know?

정답 **Whether a schedule has changed**

⋯⋯ 대화에 나온 명사 a change가 정답에서는 동사로 바뀌었고,
our work schedule은 a schedule로 간단히 표현되었어요.

여: 우리 근무 스케줄에 변경 사항이 있는지 아세요?
남: 매니저님께 확인해 보세요.
문제 여자가 알고 싶어 하는 것은?
정답 스케줄이 변경되었는지의 여부

Quiz 대화를 듣고 질문에 알맞은 답을 고르세요.

1 What does the woman suggest the man do?

(A) Check a Web site

(B) Find a moving company

> **M**: I'm moving to Chicago next month. Do you know of any good place to visit?
>
> **W**: You know, Chicago is a large city. I suggest checking a tourism Web site.

2 What does the man want to know?

(A) How to get to the clinic

(B) Whether some records were received

> **W**: Hi. This is Anna from Carson's Clinic. I'm calling to confirm your appointment with Dr. Carson at 5 P.M. this afternoon.
>
> **M**: Yes, correct. Have you received my health records from my previous doctor?

3 Why is the woman unavailable?

(A) She's meeting with a client.

(B) She's joining other colleagues.

> **M**: Peter and I are going to lunch at Taco Palace. Would you like to join us?
>
> **W**: Thanks, but I'll be in a client meeting until 2 p.m.

정답 및 해설 p. 23

오늘 배운 내용을 바탕으로 연습문제를 풀어 보세요.

1 Where does the woman most likely work?

(A) At a hospital
(B) At a pharmacy
(C) At a dental clinic
(D) At a gym

2 Why is the woman calling the man?

(A) To reschedule an appointment
(B) To remind him to pick up some medicine
(C) To inform him about new products
(D) To confirm a delivery address

3 What service does the woman mention?

(A) Free check-ups
(B) Special prices
(C) Online shopping
(D) Same-day delivery

4 Why is the man going to Toronto?

(A) To attend a conference
(B) To train employees
(C) To receive an award
(D) To interview for a job

5 What is the man concerned about?

(A) Increasing sales
(B) Giving a speech
(C) Finding a venue
(D) Meeting a deadline

6 What does the woman offer to do?

(A) Reschedule a meeting
(B) Submit some documents
(C) Recommend a place
(D) Arrange transportation

Today's VOCA

▲ MP3 바로듣기

01 initially ★
이니셜리 [iníʃəli]
위 처음에, 초기에

initially planned to attend the workshop
처음에는 워크숍에 참석할 계획이었다
파 **initial** 형 초기의, 처음의

02 individual ★
인더뷔주얼 [indəvídʒuəl]
형 개별적인, 개인의 명 사람, 개인

individual needs of customers
고객들의 개별적인 요구
파 **individually** 위 개별적으로

03 per ★
퍼ㄹ [pə(:)r]
전 ~당, ~마다

one coupon **per** person
일인당 한 장의 쿠폰

04 enrollment ★
인뤄울먼(트) [inróulmənt]
명 등록(자 수), 입회

complete an online **enrollment** form
온라인 등록 양식을 작성하다
파 **enroll** 동 등록하다, 입회하다

05 knowledgeable ★
날리줘블 [nálidʒəbl]
형 박식한, 총명한

very **knowledgeable** in one's field
자신의 분야에 있어 매우 박식한
파 **knowledge** 명 지식

06 statement ★
스테잇먼(트) [stéitmənt]
명 성명, 진술, 내역

in a **statement** issued yesterday
어제 발표된 성명에서
파 **state** 동 말하다, 진술하다 명 상태

07 additional ★★★★
어디셔널 [ədíʃənəl]
형 추가적인, 여분의

If you need **additional** information
추가 정보가 필요하다면
파 **additionally** 위 게다가, 추가로

08 pleased ★★★★
플리-즈(드) [pli:zd]
형 기쁜, 즐거운, 만족하는

be very **pleased** to announce that
~라고 발표하게 되어 매우 기쁘다
파 **pleasant** 형 쾌적한, 즐거운

접속사 ❸

📖 종속접속사 (2)

앞서 배운 것처럼 종속접속사의 종류에는 부사절 접속사와 명사절 접속사가 있습니다. 부사절 접속사는 부사의 역할을 하는 절을 이끄는 접속사이고, 이에 반해 명사절 접속사는 이름 그대로 명사의 역할을 하는 절을 이끄는 접속사입니다. 명사절은 문장의 주어와 목적어로 쓰이는데, 토익에서는 주로 타동사의 목적어로 사용됩니다. 시험에는 문장 구조를 분석해 명사절 접속사를 고르는 유형으로 주로 출제됩니다.

■ 명사절 접속사

토익에서 가장 많이 출제되는 명사절 접속사는 that과 whether입니다. 명사절(또는 종속절)은 「명사절 접속사 + 주어 + 동사」의 구조를 가지며, 단독으로 사용할 수 없고 반드시 주절에 종속되어 사용되어야 합니다.

> 명사절 접속사 whether은
> '~인지'로 해석해요.

명사절
Ms. Parker **will decide** <u>**whether**</u> **our team will attend the workshop.**
파커 씨가 우리 팀이 워크숍에 참석할지 결정할 것이다.

명사절
A new study **shows** <u>**that**</u> **walking is better for your health than running.**
새로운 연구는 달리기보다 걷기가 건강에 더 좋다는 것을 보여준다.

> 명사절 접속사 that은
> '~라는 것'으로 해석해요.

명사절 접속사 whether는 문장 맨 앞에서 주어의 역할을 하는 명사절을 이끌 수도 있습니다.

> 동사 앞에 절이 있으므로 명사절 접속사가 필요해요.

[**Whether** / Even if] **we will open another store in London depends** on the popularity of our new product there.
우리가 런던에 매장을 하나 더 개장할지는 그곳에서 우리의 신제품의 인기에 달려 있다.

명사절 접속사	특징
that	announce 발표하다 show 보여주다 indicate 나타내다 explain 설명하다 request 요청하다 → 확실히 정해진 내용을 전달할 때 사용
whether	decide 결정하다 determine 결정하다 find out 알아내다 → 아직 알 수 없거나 확정되지 않은 내용을 전달할 때 사용

Golden Field Hotel **announced that** it has acquired Tranquil Travel Inns.
골든 필드 호텔은 트랜퀼 트래블 인스를 인수했다고 발표했다.

Management will determine **whether** they will offer Mr. Reese a permanent position.
경영진은 리즈 씨에게 정규직을 제공할 것인지 결정할 것이다.

3초 퀴즈

The survey indicates ------- customers are satisfied with our service.

(A) that
(B) while

 점수 **UP** 명사절과 부사절 둘 다 이끄는 종속접속사 whether

종속접속사 whether는 명사절과 부사절 둘 다 이끌 수 있습니다. whether가 명사절 접속사로 사용될 때는 뒤에 or not이 생략될 수 있으며, 절이 축약된 to부정사가 뒤에 올 수 있습니다. 이와 달리, 부사절 접속사로 사용될 경우에는 뒤에 반드시 or ~(~이든) 또는 or not(아니든)이 와야 합니다.

The board will decide **whether** to appoint Ms. Parks as new CEO next week.
이사회가 다음 주에 팍스 씨를 신임 최고경영자로 임명할지 결정할 것이다. [명사절]

Whether you travel for business or for pleasure, we will certainly make your stay enjoyable.
출장 목적으로 여행하시든 아니면 즐거움을 위해 여행하시든 상관없이, 저희는 틀림없이 여러분의 숙박을 즐겁게 만들어드릴 것입니다. [부사절]

▲ 강의 바로보기

오늘 배운 내용을 바탕으로 연습문제를 풀어 보세요.

1 The advertisement for the new cell phone indicates ------- it can take photographs underwater.

(A) what   (B) that
(C) because   (D) those

memo

2 The market survey will determine ------- our company releases a new model in our computer series.

(A) that   (B) either
(C) while   (D) whether

3 The CEO announced ------- the construction of the new factory has been completed.

(A) that   (B) but
(C) what   (D) later

4 The planning board has not yet decided ------- they will allow developers to build a mall.

(A) that   (B) whether
(C) about   (D) which

5 A poll shows ------- customers prefer the new layout of our supermarket.

(A) about   (B) that
(C) what   (D) therefore

Today's VOCA

01 present ★★★★

동 프뤼젠(트) [prizént] 형 프뤠즌(트) [préznt]
동 제시하다, 발표하다 형 현재의, 참석한

be required to **present** photo identification
사진이 부착된 신분증을 제시해야 한다

02 performance ★★★

퍼ㄹ뿨ㄹ먼(스) [pərfɔ́ːrməns]
명 실적, 성과, 공연, 성능

positive sales **performance**
낙관적인 판매 실적

파 **perform** 동 수행하다, 연주하다

03 find ★★★

빠인(드) [faind]
동 찾다, 발견하다, 알게 되다

find a way to do
~하는 방법을 찾다

파 **findings** 명 발견물, 조사 결과

04 total ★★★

토우틀 [tóutl]
명 총량, 총액 형 총량의, 총액의

have attracted a **total** of 230,000 tourists
this year
올해 총 23만 명의 관광객을 유치했다

05 widely ★★

와잇(을)리 [wáidli]
부 널리, 광범위하게

travel **widely**
널리 여행하다

파 **wide** 형 넓은, 다양한, 광범위한

06 exhibit ★★

이그지빗 [igzíbit]
명 전시회, 전시물 동 전시하다, 내보이다

an **exhibit** of paintings by local artists
지역 예술가들의 그림 전시회

파 **exhibition** 명 전시회

07 complimentary ★★

캄플러멘터뤼 [kɑmpləméntəri]
형 무료의

complimentary magazines for passengers
승객들을 위한 무료 잡지

파 **compliment** 명 칭찬

08 depart ★★

디파ㄹ앗 [dipáːrt]
동 출발하다, 떠나다

depart from Gate 20
20번 게이트에서 출발하다

파 **departure** 명 출발

Paraphrasing 이해하기 ❷

■ 동의어나 상위 개념 어휘를 이용하는 유형

비슷한 의미의 다른 어휘를 이용하여 말을 바꾸어 표현하는 유형입니다. 대화를 알아들었더라도 동의어나 큰 범주를 나타내는 상위 개념 어휘(예를 들어, 페인트칠 작업을 work라고 표현하는 것)에 대한 지식과 순발력이 있어야 정답을 제대로 고를 수 있어요.

> **W**: You need to sign a **contract**. I'll **e-mail** it to you this afternoon.
> **M**: Okay. Thanks.

문제 What will the woman probably do next?

정답 **Send** the man a **document**

.... contract(계약서)를 document(서류)로,
e-mail(이메일로 보내다)를 send(보내다)로 바꾸어 표현했어요.

남: 계약서에 서명하셔야 해요. 오늘 오후에 이메일로 보내드릴게요.
여: 알겠습니다. 고마워요.
문제 여자는 다음에 무엇을 할 것 같은가?
정답 남자에게 서류를 보내는 일

■ Paraphrasing 필수 동의어 표현

- visit (방문하다), come by, stop by (들르다)
- finish (끝내다), complete (완성하다)
- fix, repair (고치다, 수리하다)
- talk to, speak with (~와 이야기하다)
- start later (나중에 시작하다), postpone (미루다)
- take a look (보다), go over, review (검토하다)
- attend, participate in (~에 참가하다)
- sales are down (매출이 줄다),
  sales are decreasing (매출이 줄고 있다)
- turn in, hand in, submit (제출하다)

- coworker, colleague (동료)
- free, complimentary (무료의)
- free of charge, at no cost (무료로)
- take notes (메모하다), write down (적다)
- come back (돌아오다), return (돌아오다)
- set up a time (시간을 정하다),
  schedule (일정을 정하다)
- fill out, complete (작성하다)
- out of stock (재고가 없는),
  not available (구할 수 없는)

■ Paraphrasing 필수 상위 개념 어휘

• project (프로젝트)	→	**work** (일)
• art supplies (미술용품), vitamins (비타민) 등	→	**items** (물품), **products** (제품)
• bus, train, taxi	→	**public transportation** (대중교통)
• e-mail (이메일을 보내다), fax (팩스를 보내다), mail (우편으로 보내다), ship (배송하다)	→	**send** (보내다)
• part-time technicians (시간제 근무 기술자)	→	**staff** (직원)
• Joe in Accounting (회계부의 Joe)	→	**colleague**, **coworker** (동료)
• contract (계약서)	→	**document** (문서)
• call (전화하다), e-mail (이메일을 보내다), talk to	→	**contact** (연락하다)
• sales figures (매출액)	→	**data** (자료), **information** (정보)

Quiz 대화를 듣고 질문에 알맞은 답을 고르세요.

1 What does the man suggest doing?

(A) Reserving a parking space
(B) Using public transportation

W: Should we get there early to find a parking space?
M: Actually, I was thinking we should take the bus. That way, we won't have to worry about parking.

2 What does the man say he will do?

(A) Contact a coworker
(B) Recommend a business

W: I'm thinking of hiring a catering company for our department's holiday celebration. Do you have any recommendations?
M: Let me talk to Bobby in Marketing. He has a list of some catering businesses.

| 정답 및 해설 p. 26

오늘 배운 내용을 바탕으로 연습문제를 풀어 보세요.

1 What does the woman want to do?

   (A) Arrange an event
   (B) Apply for a job
   (C) Make a complaint
   (D) Apologize to a customer

2 What does the man suggest doing?

   (A) Purchasing a gift
   (B) Sending an e-mail
   (C) Updating a document
   (D) Reserving a venue

3 What will the woman most likely do this afternoon?

   (A) Check some Web sites
   (B) Meet with employees
   (C) Contact Nancy
   (D) Visit a client

4 Who most likely is the woman?

   (A) A travel agent
   (B) A flight attendant
   (C) A magazine writer
   (D) A resort manager

5 What does the woman mention about her business?

   (A) It is hiring employees.
   (B) It will close during the holidays.
   (C) It has just opened a new location.
   (D) It is providing some special offers.

6 What does the man want to do?

   (A) Speak to the woman's supervisor
   (B) Call the woman back tomorrow
   (C) Visit the woman's workplace
   (D) Send the woman some materials

01 admission ★★
앳미션 [ædmíʃən]
뗑 입장, 입회, 허가, 시인

receive free **admission** to
~에 무료 입장 허가를 받다

파 **admit** 통 인정하다, 허가하다

02 view ★★
뷰- [vju:]
뗑 견해, 관점, 경관 통 보다, 여기다

reflect the **views** of the publisher
출판사의 견해를 반영하다

03 accomplished ★★
어캄플리쉬(트) [əkɑ́mpliʃt]
혱 뛰어난

one of the most **accomplished** authors in the world 세계에서 가장 뛰어난 작가들 중의 한 사람

파 **accomplish** 통 ~을 성취하다, 이룩하다

04 display ★★
디스플레이 [displéi]
뗑 전시, 진열 통 전시하다, 보여주다

the **displays** in the Carson Art Gallery
칼슨 미술관의 전시(품)

05 exhibition ★★
엑서비션 [eksəbíʃən]
뗑 전시(회), 박람회

a new **exhibition** titled "The Nature"
"The Nature"라는 이름의 새로운 전시회

파 **exhibit** 통 전시하다 뗑 전시회, 전시물

06 fee ★
쀠- [fi:]
뗑 요금, 수수료

charge customers an extra **fee**
손님들에게 추가 요금을 청구하다

07 majority ★
머줘러티 [mədʒɔ́:rəti]
뗑 대다수, 과반수

the **majority** of customers
대다수의 고객들

파 **major** 혱 주요한, 중대한

08 prefer ★
프뤼쀄ㄹ [prifə́:r]
통 선호하다

prefer to travel alone
혼자 여행하는 것을 선호하다

파 **preferred** 혱 선호하는

DAY 03

Part 3 Paraphrasing 이해하기 ❷

▲ 강의 바로보기

📖 **관계대명사**

관계사란 앞서 배운 접속사와 같이 두 개의 절을 연결하여 하나의 문장을 만드는 방법 중 하나입니다. 관계사에는 관계대명사와 관계부사가 있고, 이번 Day에서는 관계대명사에 대해 학습하겠습니다.

■ 관계대명사의 의미

관계대명사는 말 그대로 관계사와 대명사를 합친 말입니다. 두 개의 절을 연결하는 관계사의 역할도 하면서 앞서 언급된 명사를 가리키는 대명사의 역할도 동시에 할 수 있습니다. 다만, 대명사와 관계대명사의 역할이 다르기 때문에 차이점을 확실히 알아 두어야 합니다.

> ········· 대명사 It은 앞에 언급된 명사 an event를 가리켜요.

> Mr. Brooks is organizing **an event**. **It** will be held on December 30.
> 브룩스 씨는 한 행사를 기획 중이다. 그것은 12월 30일에 열릴 것이다.

> Mr. Brooks is organizing **an event** **which** will be held on December 30.
> 브룩스 씨는 12월 30일에 열릴 한 행사를 기획 중이다.

> ········· 관계대명사 which는 앞에 언급된 명사 an event를 가리키면서 두 개의 절을 연결해요.

대명사에는 두 개의 절을 연결할 수 있는 기능이 없으므로 아래와 같이 쓸 수는 없습니다.

> Mr. Brooks is organizing **an event it** will be held on December 30. **(X)**
> 브룩스 씨는 한 행사를 기획 중이다 그것은 12월 30일에 열릴 것이다.

3초 퀴즈 📎

Our guest speaker is a journalist ------- won an international award.

(A) who
(B) he

■ 관계대명사의 원리

> 문장1 **Ms. Harrison is an assistant manager.**
> 해리슨 씨는 대리이다.
>
> 문장2 **Ms. Harrison got promoted last week.**
> 해리슨 씨는 지난주에 승진되었다.

① 두 번째 문장에서 중복된 명사를 인칭대명사로 바꿉니다.

> **Ms. Harrison is an assistant manager.** + **She** got promoted last week.

② 인칭대명사를 격에 맞는 관계대명사로 바꿉니다.

> **Ms. Harrison is an assistant manager.** + **Who** got promoted last week.

③ 첫 문장에서 마침표를 삭제하고 관계대명사 앞의 명사에서 an을 the로 바꿉니다.

> **Ms. Harrison is the assistant manager who** got promoted last week.
> 해리슨 씨는 지난주에 승진된 대리이다.

위 예문에서 assistant manager와 같이 관계대명사 앞에 있는 명사를 '선행사'라고 부르며, 선행사는 관계대명사의 수식을 받습니다. 선행사의 종류에 따라 수식을 할 수 있는 관계대명사의 종류도 달라집니다. 관계대명사의 종류는 who, which, that, whose, whom이 있는데, 각 관계대명사의 특징은 다음 Day에서 자세히 학습하겠습니다.

▲ 강의 바로보기

오늘 배운 내용을 바탕으로 연습문제를 풀어 보세요.

1   I spoke with Mr. Snyder, ------- will be joining our team soon.

   (A) he   (B) to
   (C) who   (D) either

memo

2   The mayor approved a plan ------- aims to boost tourism in the city.

   (A) it   (B) these
   (C) nor   (D) that

3   Ms. Letendre, ------- received a promotion last month, has worked for the company for five years.

   (A) who   (B) she
   (C) however   (D) or

4   Future Today is a television show ------- focuses on new technology.

   (A) they   (B) both
   (C) where   (D) that

5   The new G-MAX movie theater, ------- will include twelve screens, is set to open in August.

   (A) this   (B) which
   (C) when   (D) it

Today's VOCA

▲ MP3 바로듣기

01 choice

초이스 [tʃɔis]

몡 선택, 선택 내싱

offer a **choice** of beef or chicken
소고기 또는 닭고기를 선택하도록 하다

02 guide

가잇 [gaid]

몡 안내서, 안내원 통 안내하다, 인도하다

a training **guide**
교육훈련 안내서

파 **guideline** 몡 지침

03 pass

패쓰 [pæs]

통 합격하다, 통과하다 몡 통행증, 출입증

pass the safety inspection
안전 검사에 합격하다

04 destination

데스터네이션 [destənéiʃən]

몡 (여행) 목적지, 도착지

a popular tourist **destination**
인기 있는 관광지

05 multiple

멀터펄 [mʌltəpəl]

혱 여러 개의, 다수의

multiple parts
여러 개의 부품들

06 renowned

뤼나운(드) [rináund]

혱 유명한, 저명한

artworks by a **renowned** local painter
지역의 유명 화가가 만든 예술작품들

07 annually

애뉴얼리 [ǽnjuəli]

閅 해마다, 연례적으로

be updated **annually**
해마다 업데이트되다

파 **annual** 혱 연례적인, 매년의

08 itinerary

아아이티너뤠리 [aitínəreri]

몡 여행 일정표

a copy of the travel **itinerary**
여행 일정표 사본

DAY 04

Part 5 관계사 ❶

VOCA

● 단어와 그에 알맞은 뜻을 연결해 보세요.

1 fee •

2 destination •

3 enrollment •

• (A) 등록(자 수), 입회

• (B) (여행) 목적지, 도착지

• (C) 요금, 수수료

● 다음 빈칸에 알맞은 단어를 선택하세요.

4 a copy of the travel -------
여행 일정표 사본

5 in a ------- issued yesterday
어제 발표된 성명에서

6 the ------- of customers
대다수의 고객들

(A) majority
(B) statement
(C) itinerary

● 실전 문제에 도전해 보세요.

7 I'm ------- to announce the promotion of Mr. Saltzman to executive vice president.

(A) renowned   (B) accomplished
(C) pleased   (D) preferred

8 We have attached two ------- meal vouchers, which you can use at any time.

(A) complimentary   (B) present
(C) total   (D) knowledgeable

한 주 동안 학습한 내용을 적용하여 기출변형 문제들을 풀어 보세요.

▲ MP3 바로듣기   ▲ 강의 바로보기

1 What is the problem?

   (A) A room is not available.
   (B) A train is behind schedule.
   (C) A deadline has already passed.
   (D) An employee is absent.

2 What does the woman inquire about?

   (A) Ordering some equipment
   (B) Attending a conference
   (C) Postponing a meeting
   (D) Making a phone call

3 What does the man say he will do?

   (A) Make an announcement
   (B) Update a Web site
   (C) Register for an event
   (D) Gather some feedback

4 Why is the man leaving work early?

   (A) To attend a special event
   (B) To pick up a client
   (C) To go to a medical appointment
   (D) To purchase office supplies

5 What does the man ask the woman to do?

   (A) Contact a client
   (B) Pick up a meal for him
   (C) Turn in a report
   (D) Repair a machine

6 What does the woman ask for?

   (A) An instruction manual
   (B) Reimbursement for a trip
   (C) The name of a supplier
   (D) A computer password

DAY 05

Weekly Test

한 주 동안 학습한 내용을 적용하여 기출변형 문제들을 풀어 보세요.

▲ 강의 바로보기

1   ------- Malcom Inc. will move its headquarters or not hasn't been decided yet.

    (A) Whether
    (B) That
    (C) Whose
    (D) Which

2   The staff member ------- will process new applications is the human resources manager, Samantha Smith.

    (A) who
    (B) her
    (C) any
    (D) this

3   News Media, Inc. has determined ------- it will not continue to pursue the acquisition of the rival company.

    (A) that
    (B) if
    (C) what
    (D) which

4   Please find the attached information about next week's conference ------- you requested.

    (A) then
    (B) that
    (C) also
    (D) on

5   At the end of the meeting, Susan realized ------- much had been discussed but nothing had been decided.

    (A) that
    (B) they
    (C) whose
    (D) which

6   Taylor O'Neil is an award-winning sculptor ------- work has been exhibited in several of the world's most famous galleries.

(A) during
(B) prior to
(C) whose
(D) as well as

7   Please contact Ms. Nash by 5 p.m. to let her know ------- you are willing to lead the staff training session.

(A) whether
(B) what
(C) whenever
(D) whose

8   To reach Sidon's headquarters, follow the highway south to the off-ramp, ------- is located next to the factory.

(A) it
(B) so
(C) which
(D) and

9   The director of marketing reported ------- the marketing expenses for next year will amount to $2,000,000.

(A) what
(B) that
(C) whichever
(D) who

10 Mr. Chisolm contacted the warehouse yesterday to inquire about the status of the parts ------- he ordered.

(A) that
(B) both
(C) whoever
(D) there

Week **13**
정답 및 해설

Day 01 Paraphrasing 이해하기 ❶

Quiz

1. 여자는 남자에게 무엇을 할 것을 제안하는가?
(A) 웹 사이트 확인하기
(B) 이사업체 찾기

남: 저 다음 달에 시카고로 이사해요. 가볼 만한 곳 아는 데 있어요?
여: 알다시피 시카고는 큰 도시예요. 관광 웹 사이트를 확인해 보세요.

정답 (A)
어휘 move to ~로 이사하다 know of ~에 관해서 알다 visit ~을 방문하다 suggest -ing ~할 것을 제안하다 tourism 관광

2. 남자는 무엇을 알고 싶어 하는가?
(A) 병원에 가는 방법
(B) 몇몇 기록들을 받았는지의 여부

여: 안녕하세요. 저는 카슨스 클리닉의 애나입니다. 오늘 오후 5시 카슨 선생님과의 진료 예약을 확인하려고 전화드려요.
남: 네, 맞아요. 저의 예전 의사 선생님으로부터 제 건강 기록들을 받으셨나요?

정답 (B)
어휘 get to ~에 도착하다 whether ~인지 아닌지 unavailable (사람) 시간이 없는, (물건) 이용할 수 없는 client 고객 colleague 동료 confirm ~을 확인해주다 appointment (진료) 예약, 약속 health records 건강 기록 previous 이전의

3. 여자는 왜 시간이 나지 않는가?
(A) 고객과 만날 것이다.
(B) 다른 동료와 함께할 것이다.

남: 피터와 저는 타코 팰리스로 점심을 먹으러 가요. 같이 가실래요?
여: 감사하지만, 저는 오후 2시까지 고객 미팅을 할 거예요.

정답 (A)
어휘 join ~와 함께 하다

Practice

Questions 1-3 refer to the following conversation.

W: Hi, Mr. Costner. **1** This is Michelle at KC Pharmacy. Dr. Weaver sent your prescription to us a few days ago, and **2** I'm calling to remind you that your medication is ready.

M: Oh, thank you. I'm kind of busy today, though. Can I pick it up tomorrow morning?

W: Of course, but next time, you should consider using our **3** delivery service. That way, **3** you'd receive your items on the same day that they are ordered.

여: 안녕하세요, 코스트너 씨. 저는 KC 약국의 미셸입니다. 위버 선생님께서 며칠 전에 귀하의 처방전을 저희에게 보내 주셨는데, 귀하께서 필요하신 약이 준비되었음을 말씀드리려고 전화 드립니다.
남: 아, 감사합니다. 하지만 제가 오늘은 좀 바쁩니다. 내일 아침에 가지러 가도 될까요?
여: 그럼요, 하지만 다음번에는 저희 배송 서비스를 이용해 보시는 것을 고려해 보세요. 그렇게 하시면 주문하시는 그날 바로 약품을 받게 되실 겁니다.

어휘 prescription 처방전 a few days ago 며칠 전에 remind A that절: A에게 ~라고 상기시키다 medication 약, 약품 kind of 약간, 어느 정도 though ad. (문장 끝에서) 하지만 pick A up: A를 가져가다, 가져오다 next time 다음번에 consider -ing ~하는 것을 고려하다 delivery 배송, 배달 That way 그렇게 하면, 그 방법으로 on the same day 같은 날에

1. 여자는 어디에서 일하고 있을 것 같은가?
(A) 병원에서
(B) 약국에서
(C) 치과에서
(D) 체육관에서

정답 (B)
해설 대화 시작 부분에 여자는 자신을 소개하면서(This is Michelle at KC Pharmacy) 처방전을 의사로부터 받아 상대방이 가져갈 수 있도록 약을 준비해 두었다(Dr. Weaver sent your prescription to us ~ your medication is ready)는 사실

을 알리고 있다. 따라서 여자의 근무지로 적절한 곳은 약국임을 알 수 있으므로 (B)가 정답이다.

어휘 pharmacy 약국 dental clinic 치과 gym 체육관

2. 여자는 왜 남자에게 전화를 거는가?
(A) 약속 시간을 재조정하기 위해
(B) 남자에게 약을 가져갈 것을 상기시키기 위해
(C) 남자에게 신제품에 관해 알리기 위해
(D) 배송 주소를 확인하기 위해

정답 (B)

해설 여자가 전화를 건 목적을 묻고 있으므로 여자의 말에서 용건을 나타낼 때 사용하는 표현과 함께 제시되는 정보에 집중해야 한다. 여자는 대화 시작 부분에 I'm calling ~ 이후에 용건을 알리고 있으며, 그 내용이 남자가 필요로 하는 약이 준비되어 있는 상태임을 상기시켜 주는 것(to remind you that your medication is ready)이므로, (B)가 정답이다.

어휘 reschedule ~의 일정을 재조정하다 appointment 약속, 예약 remind A to do: A에게 ~할 것을 상기시키다 medicine 약 inform A about B: A에게 B에 관해 알리다 confirm ~을 확인하다

3. 여자는 무슨 서비스를 언급하는가?
(A) 무료 검진
(B) 특가
(C) 온라인 쇼핑
(D) 당일 배송

정답 (D)

해설 여자가 언급하는 서비스가 질문의 핵심이다. 따라서 여자의 말에서 특정 서비스가 언급된다는 것을 미리 예상하고 들어야 한다. 여자는 대화의 마지막에 자신이 근무하는 곳에서 제공하는 서비스와 특징을 알리고(you should consider using our delivery service ~ receive your items on the same day ~) 있다. 이 서비스의 핵심은 주문하는 날에 배송 받을 수 있다는 것이므로 당일 배송을 의미하는 (D)가 정답이다.

어휘 free 무료의 check-up 검진 same-day delivery 당일 배송

Questions 4-6 refer to the following conversation.

W: Congratulations, Darren. I heard **4** you're receiving the sales award in Toronto next week.

M: Thanks! I still can't believe I got the most sales this year! But **5** I'm worried that I'll need to give a speech there. I really hate speaking in front of many people.

W: Well, I'd be happy to help you prepare for it.

M: If you have time, could you meet me after lunch tomorrow?

W: Sure. **6** I was supposed to meet with a staff member at 1 P.M., but I could reschedule it to 3 P.M.

여: 축하해요, 대런 씨. 다음 주에 토론토에서 판매실적 상을 받을 거라고 들었어요.

남: 고마워요! 전 아직 제가 올해 가장 많은 판매실적을 거두었다는 걸 믿을 수가 없어요! 하지만 전 거기서 연설을 해야 할 것이 걱정이에요. 전 많은 사람들 앞에서 말하는 걸 정말 싫어하거든요.

여: 음, 당신이 그걸 준비하는 것을 기꺼이 도와 드릴게요.

남: 시간이 있으시다면, 내일 점심 이후에 저와 만날 수 있으신가요?

여: 물론이죠. 오후 1시에 직원 한 명과 만나기로 되어 있었는데, 그걸 3시로 재조정할 수 있을 거예요.

어휘 Congratulations 축하합니다 sales 판매실적의 award 상 get the most sales 가장 많은 판매실적을 거두다 be worried that ~라는 것이 걱정이다 hate ~을 싫어하다 in front of ~앞에서 would be happy to do 기꺼이 ~하겠다 prepare for ~을 준비하다, ~에 대비하다 be supposed to do ~하기로 되어 있다, ~할 예정이다 reschedule ~의 일정을 재조정하다

4. 남자는 왜 토론토로 갈 것인가?
(A) 컨퍼런스에 참석하기 위해
(B) 직원들을 교육시키기 위해
(C) 상을 받기 위해
(D) 일자리를 위한 면접을 보기 위해

정답 (C)

해설 대화 초반에 여자는 남자가 다음 주에 판매실적 상을 받을 것(you're receiving the sales award in Toronto next week)이라고 들었다고 하면서 토론토를 언급한다. 이를 듣고 남자가 토론토로 가는 이유가 상을 받기 위함임을 알 수 있으므로 (C)가 정답이다.

어휘 attend ~에 참석하다 train ~을 교육시키다, 훈련시키다 interview 면접을 보다

5. 남자가 우려하는 것은 무엇인가?
(A) 판매실적이 증가하는 것
(B) 연설을 하는 것
(C) 행사 장소를 찾는 것
(D) 마감 기한을 지키는 것

정답 (B)

해설 질문에서 언급된 the man concerned about은 남자가 I'm worried that ~이라고 하는 데서 언급된다. 남자가 그곳에서 연설을 해야 할 것이라는 것이 걱정된다(I'm worried that I'll need to give a speech there)고 하는 부분에서 남자가 걱정하는 것이 연설을 하는 것임을 알 수 있다. 따라서 (B)가 정답이다.

어휘 be concerned about ~에 대해 우려하다, 걱정하다 increase 증가하다 venue (행사) 장소 meet (조건 등) ~을 충족하다 meet a deadline 마감 기한을 지키다

6. 여자는 무엇을 하겠다고 하는가?
(A) 만남의 일정을 재조정하는 것
(B) 몇몇 문서를 제출하는 것
(C) 장소를 추천하는 것
(D) 교통수단을 마련하는 것

정답 (A)

해설 여자가 하겠다는 일에 대해 묻고 있으므로 여자의 말에서 제안 표현이 언급되는 부분을 통해 단서를 찾아야 한다. 대화 마지막에 여자는 만남을 it로 지칭하여 한 직원과의 만남을 3시로 재조정할 수 있을 것이라고(~ I could reschedule it to 3 P.M.) 말하고 있으므로 일정을 재조정하는 것을 의미하는 (A)가 정답이다.

어휘 offer to do ~하겠다고 (말)하다 submit ~을 제출하다 recommend ~을 추천하다, 권고하다 arrange transportation 교통수단을 마련하다, 차편을 구하다

Day 02 접속사 ❸

3초 퀴즈

정답 (A)

해석 그 설문조사는 고객들이 우리 서비스에 만족한다는 것을 나타낸다.

해설 목적어를 필요로 하는 타동사 indicate 뒤로 주어와 동사가 이어져 있으므로 빈칸부터 문장 끝까지가 타동사 목적어 역할을 하는 명사절이 되어야 한다. 따라서 빈칸에는 명사절 접속사가 필요하므로 (A) that이 정답이다.

어휘 indicate ~을 나타내다 customer 고객 satisfied 만족한 while ~하는 동안

Practice

1. (B)	2. (D)	3. (A)	4. (B)	5. (B)

1.

정답 (B)

해석 새로운 핸드폰 광고는 물 속에서 사진을 찍을 수 있다는 것을 나타낸다.

해설 목적어를 필요로 하는 타동사 indicate 뒤로 주어와 동사가 이어져 있으므로 빈칸부터 문장 끝까지가 타동사 목적어 역할을 하는 명사절이 되어야 한다. 따라서 빈칸에는 명사절 접속사가 필요하므로 (B) that이 정답이다.

어휘 advertisement 광고 indicate ~을 나타내다 take photographs 사진을 찍다 underwater 물 속에서 what ~하는 것 that ~라는 것 because ~때문에 those ~하는 사람들

2.

정답 (D)

해석 우리 회사가 우리 컴퓨터 시리즈의 신모델을 출시할지는 시장 설문조사가 결정할 것이다.

해설 목적어를 필요로 하는 타동사 determine 뒤로 주어와 동사가 이어져 있으므로 빈칸부터 문장 끝까지가 타동사 목적어 역할을 하는 명사절이 되어야 한다. 따라서 빈칸에는 명사절 접속사가 필요한데 선택지에 제시된 명사절 접속사 (A) that과 (D) whether 중에서 정답을 골라야 한다. 명사절의 내용이 아직 알 수 없거나 확정되지 않은 내용을 말하고 있으므로 (D) whether가 정답이다.

어휘 survey 설문조사 determine ~을 결정하다 release ~을 출시하다 that ~라는 것 either 둘 중의 하나 while ~하는 동안 whether ~인지

3.

정답 (A)

해석 대표이사는 새로운 공장의 건축이 완료되었다고 발표했다.

해설 목적어를 필요로 하는 타동사 announce 뒤로 주어와 동사가 이어져 있으므로 빈칸부터 문장 끝까지가 타동사 목적어 역할을 하는 명사절이 되어야 한다. 따라서 빈칸에는 명사절 접속사가 필요하므로 (A) that이 정답이다.

어휘 announce ~을 발표하다 construction 건축 factory 공장 complete ~을 완료하다 that ~라는 것 but 그러나 what ~것 later 이후에

4.

정답 (B)

해석 도시 계획국은 개발업자들에게 쇼핑몰을 짓도록 허용할 것인지 아직 결정하지 않았다.

해설 목적어를 필요로 하는 타동사 decide 뒤로 주어와 동사가 이어져 있으므로 빈칸부터 문장 끝까지가 타동사 목적어 역할을 하는 명사절이 되어야 한다. 따라서 빈칸에는 명사절 접속사가 필요한데 선택지에 제시된 명사절 접속사 (A) that과 (B) whether 중에서 정답을 골라야 한다. 명사절의 내용이 아

직 알 수 없거나 확정되지 않은 내용을 말하고 있으므로 (B) whether가 정답이다.

어휘 planning board 도시 계획국 decide ~을 결정하다 allow A to do A가 ~하도록 허용하다 developer 개발업자 build ~을 짓다 that ~라는 것 whether ~인지 about ~에 관해

5.

정답 (B)

해석 한 여론조사는 고객들이 우리 슈퍼마켓의 새로운 배치를 선호한다는 것을 보여준다.

해설 목적어를 필요로 하는 타동사 show 뒤로 주어와 동사가 이어져 있으므로 빈칸부터 문장 끝까지가 타동사의 목적어 역할을 하는 명사절이 되어야 한다. 따라서 빈칸에는 명사절 접속사가 필요하므로 (B) that이 정답이다.

어휘 poll 여론조사 show ~을 보여주다 customer 고객 prefer ~을 선호하다 layout 배치 about ~에 관해 that ~라는 것 what ~것 therefore 그러므로

Day 03 Paraphrasing 이해하기 ❷

Quiz

1. 남자는 무엇을 하도록 제안하는가?
(A) 주차 공간을 예약하는 일
(B) 대중교통을 이용하는 일

여: 주차 공간을 찾기 위해서 그곳에 일찍 가야 할까요?
남: 사실, 저는 버스를 타고 가야 한다고 생각하고 있었어요. 그렇게 하면, 주차에 대해 걱정할 필요가 없으니까요.

정답 (B)

어휘 reserve ~을 예약하다 parking space 주차 공간 public transportation 대중 교통 worry about ~에 대해 걱정하다

2. 남자는 무엇을 할 것이라고 말하는가?
(A) 동료에게 연락하는 일
(B) 업체를 추천하는 일

여: 저는 우리 부서의 기념일 축하 행사를 위해 출장 음식 서비스 업체에 의뢰할까 해요. 추천해주실 만한 곳이 있나요?
남: 마케팅 부서의 바비 씨와 이야기해 볼게요. 그분이 몇몇 출장 음식 서비스 업체의 명단을 가지고 계시거든요.

정답 (A)

어휘 contact ~에게 연락하다 coworker 동료 recommend ~을 추천하다 business 업체 catering company 출장 연회 업체 celebration 축하 행사 recommendation 추천 list 목록

Practice

1. (A)	2. (A)	3. (A)	4. (A)	5. (D)
6. (C)				

Questions 1-3 refer to the following conversation.

W: Hi, Max. **1** I'd like to arrange a retirement party for Nancy, the current human resources manager. Do you have any advice?

M: That's a great idea! Also, **2** why don't we all contribute some money and buy her a nice gift? We could give it to her during the party.

W: Sure! I think our workers would be happy to do that. **3** I'll take a look at some Web sites this afternoon and find something nice to buy for her.

⋯⋯⋯⋯⋯⋯⋯⋯⋯⋯⋯⋯⋯⋯⋯⋯⋯⋯⋯⋯⋯⋯⋯⋯

여: 안녕하세요, 맥스 씨. 저는 현 인사부장이신 낸시 씨를 위한 은퇴 파티를 준비하고 싶어요. 조언을 해주실 것이 있나요?

남: 좋은 생각이에요! 또한 우리 모두가 조금씩 돈을 모아서 그녀에게 좋은 선물을 사주는 건 어때요? 우리는 파티 중에 그걸 그녀에게 줄 수 있을 거예요.

여: 물론이죠! 우리 직원들은 기꺼이 그걸 할 것 같아요. 오늘 오후에 제가 여러 웹 사이트를 보고 그녀에게 사 줄 멋진 것을 찾아 볼게요.

어휘 would like to do ~하고 싶다 arrange a party 파티를 준비하다 retirement 은퇴 current 현재의 human resources 인사부 manager 부장, 매니저 advice 조언, 충고 contribute money 돈을 갹출하다(어떤 목적을 위해 여러 사람이 돈을 나누어 내다) during ~동안에, ~하는 중에 would be happy to do 기꺼이 ~하다 take a look 보다, 살펴보다

1. 여자는 무엇을 하기를 원하는가?
(A) 행사를 준비하는 일
(B) 일자리에 지원하는 일
(C) 불만을 제기하는 일
(D) 손님에게 사과하는 일

정답 (A)

해설   대화 초반에 질문에서 여자가 낸시를 위한 은퇴 파티를 준비하고 싶다(I'd like to arrange a retirement party for Nancy)고 말하는 부분에서 그녀가 원하는 일이 파티를 준비하는 일임을 알 수 있다. 따라서 (A)가 정답이다.

어휘   **apply for** ~을 지원하다, 신청하다 **make a complaint** 불만을 제기하다, 불평하다 **apologize** 사과하다

2.   남자는 무엇을 하기를 제안하는가?
    (A) 선물을 구입하는 것
    (B) 이메일을 보내는 것
    (C) 문서를 업데이트 하는 것
    (D) 행사 장소를 예약하는 것

정답   (A)

해설   대화 중반부에 남자가 Why don't we ~? 라는 제안의 표현을 사용하여 돈을 조금씩 모아서 그녀에게 좋은 선물을 사주는 것이 어떤지(Why don't we all contribute some money and buy her a nice gift?) 묻고 있다. 따라서 남자가 선물을 구입하는 것을 제안했음을 알 수 있으므로 (A)가 정답이다.

어휘   **purchase** ~을 구입하다, 구매하다 **update** ~을 업데이트하다, 최신 정보를 알려주다 **reserve** ~을 예약하다

3.   여자는 오늘 오후에 무엇을 할 것 같은가?
    (A) 여러 웹 사이트를 확인하는 일
    (B) 직원들과 만나는 일
    (C) 낸시에게 연락하는 일
    (D) 고객을 방문하는 일

정답   (A)

해설   질문에서 언급한 this afternoon은 여자의 마지막 말에서 확인할 수 있다. 대화 마지막에 여자가 오늘 오후에 여러 웹 사이트를 둘러볼 것(I'll take a look at some Web sites this afternoon)이라고 말하고 있다. 이를 통해 여자가 오늘 오후에 여러 웹 사이트를 확인할 것이라는 것을 알 수 있으므로 (A)가 정답이다.

어휘   **check** ~을 확인하다, 알아보다 **employee** 직원 **contact** ~에게 연락하다 **client** 고객, 의뢰인

`Paraphrase`   take a look → check

Questions 4-6 refer to the following conversation.

> **M:** Hello, ④ I'm calling about some flight tickets to Cancun. I wonder if any seats are available.
>
> **W:** I'm afraid they are all fully booked. ⑤ However, we are offering discounts on flights to some other Caribbean destinations.
>
> **M:** That sounds great. I have a 2-week vacation coming up and I want to stay at a nice beach resort. I'll be near your office around 5 p.m.

today. ⑥ Would I be able to stop by to discuss flights with you and look at some brochures?

W: Sure, but please make sure you arrive before 5. We're closing at 6.

- -

남: 안녕하세요, 칸쿤으로 가는 항공권에 관해 전화 드립니다. 혹시 이용 가능한 좌석들이 있는지 궁금합니다.

여: 유감스럽게도 좌석들이 모두 찼습니다. 하지만, 캐리비안 지역의 몇 군데 다른 목적지로 가는 항공편에 대해 할인을 제공해 드리고 있어요.

남: 잘됐군요. 제가 곧 2주 동안의 휴가를 떠날 예정인데, 멋진 해변 리조트에서 머물고 싶거든요. 제가 오늘 오후 5시에 귀하의 사무실 근처에 갈 일이 있어요. 잠깐 들러서 항공편에 관한 이야기도 나누고 안내 책자들도 좀 볼 수 있을까요?

여: 물론입니다, 하지만 꼭 5시 전에 오세요. 6시에 문을 닫거든요.

어휘   **flight** 항공편 **wonder if** ~인지 궁금하다 **seat** 좌석 **available** 이용 가능한, 구매 가능한 **I'm afraid (that)** 유감스럽게도 ~이다 **fully** 완전히 **book** v. ~을 예약하다 **discount on** ~에 대한 할인 **destination** 목적지, 여행지 **That sounds great** 잘됐네요, 좋습니다 **come up** 다가오다 **Would I be able to do?** 제가 ~할 수 있을까요? **stop by** 들르다 **brochure** 안내 책자

4.   여자는 누구일 것 같은가?
    (A) 여행사 직원
    (B) 승무원
    (C) 잡지사 기자
    (D) 리조트 매니저

정답   (A)

해설   대화는 남자가 여자에게 항공권 및 좌석을 문의하는 것으로 시작하고 있다. 항공권 및 좌석을 문의할 수 있는 사람 또는 직업으로 가장 적절한 것은 여행사 직원임을 알 수 있다. 따라서 (A)가 정답이다. 남자가 대화 전반에 걸쳐 여행지에 대한 정보를 주제로 여자에게 문의를 하고 있으므로 항공편에 대한 내용이 제시된다는 것에만 집중해 '승무원'을 뜻하는 (B)로 잘못 고르지 않도록 주의해야 한다.

어휘   **travel agent** 여행사 직원 **flight attendant** 승무원 **magazine writer** 잡지사 기자 **manager** 관리자, 매니저

5.   여자는 자신의 회사에 관해 무엇을 언급하는가?
    (A) 직원들을 채용하고 있다.
    (B) 휴일 기간 동안 문을 닫을 것이다.
    (C) 얼마 전에 새로운 지점을 열었다.
    (D) 특별 할인 서비스를 제공하고 있다.

정답 (D)
해설 대화 중반부에 여자가 다른 항공편에 대한 할인을 제공한다
(~ we are offering discounts on flights to some other
Caribbean destinations)고 알리고 있으므로 이와 같은 서
비스에 대해 언급한 (D)가 정답이다.
어휘 hire ~을 채용하다 employee 직원 during ~ 동안
holiday 휴일 location 지점, 지사 special offer 특별
할인 (서비스), 특가
Paraphrase offering discounts → providing some special
offers

6. 남자는 무엇을 하고 싶어 하는가?
(A) 여자의 상사와 이야기하는 일
(B) 여자에게 내일 다시 전화하는 일
(C) 여자의 직장을 방문하는 일
(D) 여자에게 몇몇 자료를 보내는 일

정답 (C)
해설 대화 후반부에 남자는 질문으로 자신이 원하는 것(Would I
be able to stop by to discuss flights with you and look
at some brochures?)을 말하고 있다. 방문하는 장소를 직
접적으로 언급하지는 않았지만 맥락상 여자를 직접 찾아 가서
이야기도 나누고 자료도 보고 싶다는 말이므로 여행사 직원인
여자의 직장을 방문하는 것을 의미하는 (C)가 정답이다.
어휘 supervisor 상사, 책임자 call A back: A에게 다시
전화하다 workplace 직장, 근무지 material 자료
Paraphrase stop by → visit

Day 04 관계사 ❶

3초 퀴즈

정답 (A)
해석 우리의 초청 연사는 국제적인 상을 수상한 기자입니다.
해설 빈칸 앞뒤에 두 개의 동사가 있고, 빈칸 뒤의 내용이 빈칸 앞의
명사에 대한 내용이므로 빈칸에는 두 절을 연결할 수 있으면
서 앞에 언급된 journalist를 가리킬 수 있는 관계대명사 (A)
who가 정답이다.
어휘 guest speaker 초청 연사 journalist 기자 win an
award 상을 수상하다 international 국제적인

Practice

1. (C)	2. (D)	3. (A)	4. (D)	5. (B)

1.
정답 (C)
해석 나는 우리 팀에 곧 합류할 신더 씨와 얘기했다.
해설 빈칸 앞뒤로 동사가 두 개 있고, 빈칸 뒤의 내용이 빈칸 앞의
명사에 대한 내용이므로 빈칸에는 두 절을 연결할 수 있으면
서 앞에 언급된 Mr. Snyder를 가리킬 수 있는 관계대명사 (C)
who가 정답이다.
어휘 speak with ~와 이야기하다 join ~에 합류하다 soon 곧
to ~로 either 둘 중 하나

2.
정답 (D)
해석 시장은 그 도시의 관광업을 신장시키는 것을 목표로 하는 계
획을 승인했다.
해설 빈칸 앞뒤로 동사가 두 개 있고, 빈칸 뒤의 내용이 빈칸 앞의
명사에 대한 내용이므로 빈칸에는 두 절을 연결할 수 있으면
서 앞에 언급된 plan을 가리킬 수 있는 관계대명사 (D) that
이 정답이다.
어휘 mayor 시장 approve ~을 승인하다 plan 계획 aim
to do ~하는 것을 목표로 하다 boost ~을 신장시키다
tourism 관광업 these 그것들

3.
정답 (A)
해석 지난달에 승진한 르텐드레 씨는 이 회사에서 5년동안 일해왔
다.
해설 빈칸 뒤에 두 개의 동사가 있고, 빈칸 뒤의 내용이 빈칸 앞의
명사에 대한 내용이므로 빈칸에는 명사를 수식할 수 있으면서
앞에 언급된 Ms. Letendre를 가리킬 수 있는 관계대명사 (A)
who가 정답이다.
어휘 receive a promotion 승진하다 work 일하다
however 그러나 or 또는

4.
정답 (D)
해석 <퓨처 투데이>는 새로운 기술에 초점을 맞춘 텔레비전 쇼이
다.
해설 빈칸 앞뒤로 동사가 두 개 있고, 빈칸 뒤의 내용이 빈칸 앞의
명사에 대한 내용이므로 빈칸에는 두 절을 연결할 수 있으면
서 앞에 언급된 television show를 가리킬 수 있는 관계대명
사 (D) that이 정답이다.
어휘 focus on ~에 초점을 맞추다 technology 기술 both 둘
다

5.

정답 (B)

해석 12개의 스크린을 포함할 새로운 지멕스 영화관은 8월에 개관하기로 예정되어 있다.

해설 빈칸 뒤로 동사가 두 개 있고, 빈칸 뒤의 내용이 빈칸 앞의 명사에 대한 내용이므로 빈칸에는 명사를 수식할 수 있으면서 앞에 언급된 movie theater를 가리킬 수 있는 관계대명사 (B) which가 정답이다.

어휘 movie theater 영화관 include ~을 포함하다 screen 스크린 be set to do ~하기로 예정되어 있다 open ~을 개관하다

Day 05 **Weekly Test**

VOCA

1. (C)	2. (B)	3. (A)	4. (C)	5. (B)
6. (A)	7. (C)	8. (A)		

7.

해석 부사장으로의 솔츠만 씨의 승진을 발표하게 되어 기쁩니다.

해설 빈칸에는 특정 인물의 승진 소식을 전하게 된 사람의 감정을 나타낼 어휘가 필요하다. 따라서 '기쁜'이라는 뜻의 (C) pleased가 정답이다.

어휘 announce ~을 발표하다 promotion 승진 executive vice president 부사장 renowned 유명한 accomplished 기량이 뛰어난 pleased 기쁜 preferred 우선의

8.

해석 귀하께서 언제든 사용하실 수 있는 두 장의 무료 식사 상품권을 첨부하였습니다.

해설 빈칸에는 고객이 원하는 때에 사용할 수 있는 식사 상품권의 특징을 나타내는 어휘가 들어가야 한다. 따라서 '무료의'라는 뜻의 (A) complimentary가 정답이다.

어휘 attach ~을 첨부하다 meal 식사 voucher 상품권 use ~을 사용하다 at any time 언제든 complimentary 무료의 present 현재의 total 총~ knowledgeable 박식한

LC

1. (A)	2. (C)	3. (A)	4. (B)	5. (D)
6. (A)				

Questions 1-3 refer to the following conversation.

W: Excuse me, Harvey. I received your request to use the conference room for a meeting at 10 A.M. But, **1** I'm afraid there will be a training session in that room all morning.

M: Oh, that's too bad. Is there somewhere else I could hold the meeting?

W: I'm sorry, but all the rooms are being used this morning. **2** Would you be able to hold your meeting a little later today? The conference room is free at 3 P.M.

M: I suppose that would be okay. **3** I'll announce the schedule change to my employees.

여: 실례합니다, 하비 씨. 오전 10시 회의를 위해 대회의실을 사용하겠다는 당신의 요청을 받았어요. 그런데 오늘 오전 내내 그 회의실에서 교육 세션이 있을 것 같아요.

남: 아, 안타깝네요. 제가 회의를 열 수 있는 다른 곳이 있나요?

여: 죄송하지만, 오늘 오전엔 모든 회의실이 사용 중이에요. 당신의 회의를 오늘 중 조금 늦게 열 수 있을까요? 대회의실은 오후 3시에 비어요.

남: 그게 괜찮을 것 같아요. 제가 제 직원들에게 일정 변경을 공지할게요.

어휘 receive ~을 받다 request 요청 conference room 대회의실 training 교육, 훈련 session 세션, (특정 목적을 위한) 시간, 기간 all morning 오전 내내 hold (행사 등을) 열다, 개최하다 later 이따가, 나중에 suppose ~인 것 같다, 추정하다 announce ~을 알리다, 공지하다

1. 무엇이 문제인가?

(A) 회의실이 이용 불가한 상태이다.

(B) 기차가 예정보다 늦었다.

(C) 마감 기한이 이미 지나갔다.

(D) 직원이 부재 중이다.

정답 (A)

해설 대화 초반에 여자는 남자의 대회의실 이용 요청에 대해 오전 내내 대회의실에서 교육 세션이 있을 것(I'm afraid there will be a training session in that room all morning)이라고 말하고 있다. 이는 일정이 예정돼 있어 남자가 원하는 시간에 대회의실을 사용할 수 없다는 의미이므로 대화에서 나타

난 문제가 회의실을 이용할 수 없는 것임을 알 수 있다. 따라서 (A)가 정답이다.

어휘 available 이용 가능한 behind schedule 예정보다 늦은 deadline 마감 기한 pass 지나가다 absent 부재 중인, 참석하지 않은

2. 여자는 무엇에 대해 문의하는가?
(A) 몇몇 장비를 주문하는 것
(B) 회의에 참석하는 것
(C) 회의를 연기하는 것
(D) 전화를 하는 것

정답 (C)

해설 여자는 오전에 모든 회의실이 사용 중이라고 하면서 남자에게 회의를 조금 늦게 할 수 있을지(Would you be able to hold your meeting a little later today?) 묻고, 오후 3시에 대회의실을 이용할 수 있다는 것을 알린다. 이는 남자가 원하는 시간보다 늦은 시간에 대회의실 사용이 가능하여 회의 시간을 늦출 수 있는지 묻는 것이므로, 회의를 연기하는 것을 의미하는 (C)가 정답이다.

어휘 order ~을 주문하다 equipment 장비 attend (~에) 참석하다 postpone ~을 연기하다, 미루다 make a phone call 전화하다

Paraphrase hold your meeting a little later today → Postponing a meeting

3. 남자는 무엇을 하겠다고 말하는가?
(A) 공지하는 일
(B) 웹 사이트를 업데이트하는 일
(C) 행사에 등록하는 일
(D) 피드백을 모으는 일

정답 (A)

해설 대화 마지막 부분에서 남자는 자신의 직원들에게 일정 변경을 공지하겠다(I'll announce the schedule change to my employees)고 하였으므로 남자가 할 일은 직원들에게 알리는 일임을 알 수 있다. 따라서 (A)가 정답이다.

어휘 make an announcement 알리다, 공지하다 update ~을 업데이트하다, 최신 정보로 갱신하다 register 등록하다 gather ~을 모으다, 수집하다

Paraphrase announce → Make an announcement

Questions 4-6 refer to the following conversation.

M: Natalie, ▮4▮ I'll need to leave the office right after lunch. An important client is arriving at the airport and I have to pick him up.

W: All right. Would you like me to do anything while you're away?

M: Actually, ▮5▮ could you check out the photocopier? It doesn't seem to be working properly. ▮5▮ You may have to fix one of the paper trays.

W: I can do that. ▮6▮ Could you give me the instructional manual for it before you leave, though? I'm not very familiar with it.

남: 나탈리 씨, 저는 점심 식사 직후에 사무실에서 나가 봐야 해요. 중요한 고객 한 분께서 공항에 도착하실 예정인데 제가 그분을 모시러 가야 해요.

여: 알겠습니다. 나가 계신 동안 제가 해야 할 일이 있나요?

남: 실은, 복사기를 좀 확인해 주시겠어요? 제대로 작동하는 것 같지 않아요. 용지 받침대 중의 하나를 수리하셔야 할 수도 있어요.

여: 할 수 있어요. 그런데 가시기 전에 사용 설명서를 제게 좀 주시겠어요? 그 복사기가 아주 익숙하진 않아서요.

어휘 right after ~ 직후에 important 중요한 arrive at ~에 도착하다 pick A up: A를 데리러 가다 would like A to do: A가 ~하기를 원하다 while ~하는 동안 away 나가 있는, 멀리 가 있는 actually 실은, 사실은 check out ~을 확인해 보다 photocopier 복사기 seem to be ~인 것 같다 work (기계 등이) 작동하다, 가동되다 properly 제대로, 적절히 may have to do ~해야 할 수도 있다 fix 고치다, 바로잡다 paper tray 용지 받침대 instructional manual 사용 설명서 though ad. (문장 끝에서) 하지만, 그런데 be familiar with ~에 익숙하다, ~을 잘 알다

4. 남자는 왜 일찍 퇴근하는가?
(A) 특별 행사에 참석하기 위해
(B) 고객을 모시러 가기 위해
(C) 병원 예약에 가기 위해
(D) 사무용품을 구입하기 위해

정답 (B)

해설 대화 시작 부분에 남자는 자신이 점심 식사 직후에 나가야 하는 상황이라는 것과 그 이유(An important client is arriving at the airport and I have to pick him up)를 알리고 있다. 즉 고객을 모시러 공항에 가는 것이므로 이를 '(차

로) 태우러 가다'라는 의미를 나타내는 pick up으로 표현한 (B)가 정답이다.

어휘 **attend** ~에 참석하다 **pick up** (차로) ~을 데리러 가다, 태우러 가다 **medical appointment** 병원 예약 **purchase** ~을 구입하다 **office supplies** 사무용품

5. 남자는 여자에게 무엇을 하도록 요청하는가?
(A) 고객에게 연락하는 일
(B) 자신을 위해 음식을 가져오는 일
(C) 보고서를 제출하는 일
(D) 기계를 수리하는 일

정답 (D)

해설 대화 중반부에 남자는 여자에게 복사기를 확인해 달라고 요청하고 있는데(could you check out the photocopier?), 뒤이어 복사기의 용지 받침대를 수리하는 것에 대해 언급하고 (You may have to fix one of the paper trays) 있으므로 photocopier의 상위 개념인 machine을 활용하여 이를 수리하는 것을 의미하는 (D)가 정답이다.

어휘 **contact** ~에게 연락하다 **meal** 식사 **turn in** ~을 제출하다 **report** n. 보고(서) **repair** v. ~을 수리하다

Paraphrase **fix → repair**

6. 여자는 무엇을 요청하는가?
(A) 사용 설명서
(B) 출장에 대한 비용 환급
(C) 공급업체의 이름
(D) 컴퓨터 비밀번호

정답 (A)

해설 대화의 후반부에서 여자는 요청하는 질문을 통해 자신이 원하는 것을 알리고 있는데(Could you give me the instructional manual for it before you leave, though?), 이는 여자가 원하는 것이 instructional manual임을 나타내므로 사용 설명서를 의미하는 (A)가 정답이다.

어휘 **instruction manual** 사용 설명서, 취급 설명서 **reimbursement** (비용) 환급 **trip** 출장, 여행 **supplier** 공급업체, 공급업자

RC

1. (A)	2. (A)	3. (A)	4. (B)	5. (A)
6. (C)	7. (A)	8. (C)	9. (B)	10. (A)

1.

정답 (A)

해석 말콤 사가 본사를 옮길지 아닐지는 아직 결정되지 않았다.

해설 문장의 동사가 hasn't been decided이므로 빈칸부터 동사

전까지가 주어가 되어야 한다. 빈칸 뒤에 완전한 절이 있으므로 빈칸은 명사절 접속사 자리이며 빈칸 뒤의 내용이 아직 결정된 것이 아니므로 (A) Whether가 정답이다.

어휘 **move** ~을 옮기다 **headquarters** 본사 **decide** ~을 결정하다 **not ~ yet** 아직 ~않다 **whether** ~인지 **if** ~라면

2.

정답 (A)

해석 새로운 입사 지원서를 처리할 직원은 인사부장인 사만다 스미스 씨이다.

해설 문장에 동사가 두 개 있고, 문장의 맨앞부터 is 전까지가 주어 역할을 해야 한다. 또한 빈칸 뒤의 내용이 빈칸 앞의 명사에 대한 내용이므로 관계대명사 (A) who가 정답이다.

어휘 **staff member** 직원 **process** ~을 처리하다 **application** 지원(서) **human resources manager** 인사부장 **any** 어떤 것이든 **this** 이것

3.

정답 (A)

해석 뉴스 미디어 사는 경쟁사 인수를 계속 추진하지 않기로 결정했다.

해설 동사 determine은 목적어로 명사절 접속사 that을 가지므로 (A) that이 정답이다.

어휘 **determine** ~을 결정하다 **continue to do** 계속 ~하다 **pursue** ~을 추구하다 **acquisition** (기업) 인수 **rival company** 경쟁 회사

4.

정답 (B)

해석 다음 주에 있을 컨퍼런스와 관련해 귀하께서 요청하신 정보를 동봉해 드렸으니 확인해 보시기 바랍니다.

해설 빈칸 앞뒤로 동사가 두 개 있고, 빈칸 뒤의 내용이 빈칸 앞의 명사에 대한 내용이므로 빈칸에는 두 절을 연결할 수 있으면서 앞에 언급된 information을 가리키는 관계대명사 (B) that이 정답이다.

어휘 **attached** 동봉된 **information** 정보 **request** ~을 요청하다 **then** 그리고 나서 **also** 또한 **on** ~위에

5.

정답 (A)

해석 회의가 끝날 무렵, 수잔 씨는 많은 논의가 있었지만 아무것도 결정되지 않았다는 것을 깨달았다.

해설 동사 realize는 명사절 접속사 that을 목적어로 취하므로 (A) that이 정답이다.

어휘 **at the end of** ~의 마지막에 **realize** ~을 깨닫다 **much** 많은 것 **discuss** ~을 논의하다 **decide** ~을 결정하다

6.

정답 (C)

해석 테일러 오닐 씨는 상을 받은 조각가로, 그의 작품은 세계에서 가장 유명한 몇몇 갤러리에서 전시되고 있다.

해설 빈칸 앞뒤로 동사가 두 개 있으므로 두 절을 연결할 수 있는 접속사 또는 관계사가 와야 하는데 선택지에 관계사가 있으므로 (C) whose가 정답이다.

어휘 **award-winning** 상을 받은 **sculptor** 조각가 **work** 작품 **exhibit** ~을 전시하다 **several** 몇 개 **during** ~중에 **prior to** ~에 앞서 **as well as** ~에 더하여

7.

정답 (A)

해석 귀하께서 직원 교육 프로그램을 진행하실 의사가 있으신지 나쉬 씨께 오후 5시까지 연락해 알려 주시기 바랍니다.

해설 빈칸부터 문장 끝까지가 동사 know의 목적어절이 되어야 하는데 빈칸 뒤가 주어와 동사로 구성된 완전한 절이므로 (A) whether가 정답이다.

어휘 **contact** ~에게 연락하다 **let A know** A에게 알리다 **be willing to do** 기꺼이 ~하다 **lead** ~을 이끌다 **training session** 교육 프로그램 **whether** ~인지 **whenever** 언제든지

8.

정답 (C)

해석 시돈 사의 본사에 가시려면, 고속도로를 타고 남쪽으로 공장 옆에 위치한 출구가 나올 때까지 가시기 바랍니다.

해설 빈칸 앞뒤로 동사가 두 개 있고, 빈칸 뒤의 내용이 빈칸 앞의 명사에 대한 내용이므로 빈칸에는 두 절을 연결할 수 있으면서 off-ramp를 가리키는 관계대명사 (C) which가 정답이다.

어휘 **reach** ~에 도달하다 **headquarters** 본사 **follow** ~을 따라가다 **highway** 고속도로 **off-ramp** (고속도로에서 빠져 나오는) 출구로 **located** 위치한 **and** 그리고

9.

정답 (B)

해석 마케팅 이사는 내년 마케팅 비용이 2백만 달러에 이를 것이라고 보고했다.

해설 빈칸 앞에 동사 report는 명사절 접속사 that을 목적어로 가지는 동사이므로 (B) that이 정답이다.

어휘 **director** 이사 **report** ~을 보고하다 **expense** 비용 **amount to** ~에 달하다 **whichever** 어느 것이든지

10.

정답 (A)

해석 치솜 씨는 그가 주문한 부품 배송 상태에 대해 문의하기 위해 어제 창고에 연락했다.

해설 빈칸 앞뒤로 동사가 두 개 있고, 빈칸 뒤의 내용이 빈칸 앞의 명사에 대한 내용이므로 빈칸에는 두 절을 연결할 수 있으면서 앞에 언급된 parts를 가리킬 수 있는 관계대명사 (A) that이 정답이다.

어휘 **contact** ~에게 연락하다 **warehouse** 창고 **inquire about** ~에 대해 문의하다 **status** (배송) 상태 **part** 부품 **order** ~을 주문하다 **both** 둘 다 **whoever** 누구든지 **there** 그곳에서